지친 그림자는
　　동쪽으로 누워 있다

## 지친 그림자는 동쪽으로 누워 있다

| | |
|---|---|
| 발행일 | 2025년 8월 5일 |
| 지은이 | 신광열 |
| 펴낸이 | 손형국 |
| 펴낸곳 | (주)북랩 |
| 편집인 | 선일영 | 편집 | 김현아, 배진용, 김다빈, 김부경 |
| 디자인 | 이현수, 김민하, 임진형, 안유경, 한수희 | 제작 | 박기성, 구성우, 이창영, 배상진 |
| 마케팅 | 김회란, 박진관 |
| 출판등록 | 2004. 12. 1(제2012-000051호) |
| 주소 | 서울특별시 금천구 가산디지털 1로 168, 우림라이온스밸리 B동 B111호, B113~115호 |
| 홈페이지 | www.book.co.kr |
| 전화번호 | (02)2026-5777 | 팩스 | (02)3159-9637 |
| ISBN | 979-11-7224-767-6 03810 (종이책) | 979-11-7224-768-3 05810 (전자책) |

잘못된 책은 구입한 곳에서 교환해드립니다.
이 책은 저작권법에 따라 보호받는 저작물이므로 무단 전재와 복제를 금합니다.
이 책은 (주)북랩이 보유한 리코 장비로 인쇄되었습니다.

### (주)북랩 성공출판의 파트너

북랩 홈페이지와 패밀리 사이트에서 다양한 출판 솔루션을 만나 보세요!

홈페이지 book.co.kr • 블로그 blog.naver.com/essaybook • 출판문의 text@book.co.kr

작가 연락처 문의 ▶ ask.book.co.kr

작가 연락처는 개인정보이므로 북랩에서 알려드릴 수 없습니다.

신광열 시집 ❽

# 지친 그림자는
# 동쪽으로 누워 있다

북랩

## 작품 소개

　신광열 시인의 시는 짧고 단정하지만 깊다. 평범한 소재가 그의 시에서는 인생과 존재의 본질로 확장된다. 익숙한 사물에 새로운 시선을 부여하고 그 안에서 고요한 질문을 길어 올린다.
　그의 시는 삶의 깊은 이면을 응시하면서도 과장되지 않는다. 때로는 담담하게 때로는 유머와 역설, 아이러니로 삶의 장면이 낯설게 다가오며 시인의 철학과 재치가 스며 있다.
　그의 시는 단순한 서정에 머물지 않는다. 사회적 약자와 고단한 삶의 무게에도 민감한 시선을 보낸다. 커피 속에 스며든 노동의 고통, 시장의 노파에게 쏟아지는 무심한 시선, 정의를 잃은 시대에 대한 절규까지, 한 손엔 연민을, 한 손엔 저항을 들고 묵묵히 인간과 시대를 응시한다. 시인은 조용하지만 뚜렷한 의식과 손잡고 있다. 소박한 언어 속에 깃든 깊은 성찰과 울림, 그의 시향은 백합 같진 않지만 오래도록 남아 있는 난향을 풍긴다.

**시인의 말**

   시를 쓴 지 30년이 지나도록 시는 여전히 낯선 친구다. 여덟 번째 시집을 통해 새롭게 독자를 만나게 되어 기쁘다.
   시란 심상으로 빚어내는 언어 예술로, 다른 예술보다 어려운 점은 악기나 노래 영상도 행위도 없이 오직 문장이란 도구 하나로 독자들에게 다가가야 한다는 것이다.
   시인은 끊임없이 독자들의 시각과 정서, 이성에 신선한 자극과 낯선 미학을 제공하여 다채롭고 입체적인 새로운 세계로 안내해야 하는데, 그게 시인이란 사람의 부담이자 설렘이다.
   시집을 상재할 때면 항상 독자들의 반응이 궁금하여 기대되고 긴장된다. 하지만 그동안 많은 독자들이 나의 작품을 통해 의미와 재미를 발견하고 소통과 공감으로 다가와 주었기에 더없이 보람찬 에너지였다.
   이제 제8집의 힘든 작업을 마감하면서 새롭게 작품을 감상하는 독자들과 북카페에서 상큼한 시 한잔을 나누고 싶다.

2025. 7.
저자 신광열

# 목 차

작품 소개 / 5
시인의 말 / 6

## 꽃멍의 몇 장면 …

능소화 / 14
동백꽃 / 15
빠알간 사랑 / 16
세잎양지꽃 / 17
봄꽃 릴레이 / 18
달개비 / 19
가을에 피는 꽃 / 20

풀에서 피는 꽃 / 21
매화 梅花 / 22
달맞이 / 23
꽃다발 / 24
코스모스 / 25
꽃멍 / 26
피고 지는 꽃 / 27

## 전원 이야기 …

텃밭 학교 / 30
식목 축제 / 31
불멍 / 32
설레는 걱정 / 34
산중보름 / 35

푸른 우정 / 36
불꽃을 피워라 / 37
여유의 홍수 / 38
도끼와 장작 / 39

## 자연이 그린 행복 …

눈꽃 / 42
봄이 오는 길목 / 43
춘풍화엽 / 44
야생을 즐기는 / 45
입추 지난 / 46
호두 / 47
복숭아 / 48
참 곱다 / 49
가을 한잔 / 50

초록나라 / 51
바다 앞에서 / 52
가을 풍경 / 53
낙엽 소리 / 54
상고대 / 55
바람놀이 / 56
이팝의 선물 / 57
그래도 / 58
위대한 미물 / 59

## 사색의 둘레길 …

세말에 / 62
헤어지기 / 63
보이는 허공 / 64
오늘 내일 모일 / 65
만남을 위해 / 66
가긴 가는데 / 67
나이 들어 가면 / 68
자드락길 / 69
가을비 / 70
낙엽 지는 / 71
초대 / 72

동행 / 73
멀리 있는 / 74
안개 / 75
무더위 / 76
강물 / 77
선풍기야 / 78
사는 모양 / 79
혼자 걷다 / 80
십이월 달력 / 81
산티아고 / 82

## 미소가 담긴 바구니 …

미소 / 84
타이머 / 85
동행자 / 86
욕심 欲心 / 87
퇴직 / 88
자족 自足 / 89
어린이날 / 90
달콤한 후회 / 91
경제 시력 / 92

야산 / 93
러브레터 / 94
어깨동무 / 95
自畵 스케치 / 96
꿈과 삶 / 97
아듀 삼십칠 년 / 98
강물 / 99
달빛 / 100
등산가 歌 / 101

## 관계의 징검다리 …

참 고맙습니다 / 104
만남 / 105
발자취 / 106
사계 四季 / 107
풀잎의 소리 / 108
탐조 후기 / 109
들길 / 110
공동체 / 111
국밥 / 112

골든 타임 / 113
내가 / 114
커피 한잔 / 115
농사꾼 / 116
갑을 甲乙 / 117
나누기 / 118
부메랑 boomerang / 119
문우는 떠나고 / 120

## 의미를 품은 재미 …

양궁 / 122
의자는 / 123
거꾸로 / 124
시작해야 / 125
의미의 의미 / 126
덕담 德談 / 127
정 없는 세상 / 128
배워 보자 / 129
엑소더스 / 130
풀과 채소 / 131

산마루 / 132
배경 / 133
축복 / 134
하늘 은혜 / 135
이런 사람 / 136
심판 / 137
무더위 / 138
그네 / 139
타이밍 / 140
밥 / 141

## 아픔이 낫는 길 …

새로운 꿈 / 144
원동기 / 145
숨 나눔 / 146
용서 / 147
겨울나무에게 / 148
저항하는 / 149
빈집 空家 / 150
꽃처럼 / 151
햇살 / 152
그믐달 / 153
포용 包容 / 154
꽃으로 진다 / 155

호국영령 / 156
시각 장애 / 157
공감 共感 / 158
갈등 葛藤 / 159
치유 / 160
잘 이별 / 161
열등감 / 162
가시 / 163
내버려 두기 / 164
시냇물 / 165
식탁 / 166
사랑이 피는 곳 / 167

## 들꽃 같은 추억 ...

그리움 짙은 언덕 / 170
세월이란 친구 / 171
누나 생각 / 172
기다림 / 173
가을 운동회 / 174

가난한 자유 / 175
아버지 나라 / 176
폐왕성 / 177
초가의 추억 / 178
찬바람 / 179

## 입원해야 할 세상 ...

재앙 / 182
연명 延命 / 183
폭서맹공 / 184
탄식 / 185
정의가 숨지면 / 186

북동서남 NEWS / 187
살얼음 / 188
욕의 수명 / 189
칼바람 / 190
언행이치 / 191

## 하늘 그려 보기 ...

당신은 / 194
시월의 기도 / 195
거룩한 성 / 196
하루 해 / 197
새벽종 / 198
무슨 소용 / 199
하나님의 눈 / 200
선물 꾸러미 / 201
은하수 같은 / 202

쓰레기통 / 203
소원을 물으면 / 204
매여 있다고 / 205
겨울항 / 206
쓰임새 / 207
무지개 / 208
ㄴ / 209
항구가 있나 / 210
본향 / 211

꽃멍의 몇 장면

### 능소화

대문 앞 능소화
줄지어 피니

그리운 님 올까
설렘도 핀다

강렬히 내리쬐는
한여름의 땡볕도

너의 스칼렛 사랑엔
못 미친다

### 동백꽃

겨울철 외딴섬에
동백꽃 피면

파도는 철석철석
적막을 쫓고

동박새 붉은 입술에
포르르 입 맞춘다

### 빠알간 사랑

맨드라미는
여름을 사모하고
여름은 맨드라미를
사랑한다

태양은 뜨겁게
하늘에서 축하하니

빠알간 열정
불타는 사랑이다

## 세잎양지꽃

그저 흔한 꽃이라고
이름 모를 꽃이라고 지나쳤을 때
네 이름을 알고 불러 보았을 때
넌 많이 달라졌어

잎은 세잎 톱니가 있다는 것
꽃잎은 노랗게 다섯 잎이고
양지를 좋아하는 성격이라고
털이 보송보송 부드럽다는 것을
알려 주었지

네 이름을 알고 난 뒤부터
나도 많이 달라졌어
너에 대하여

### 봄꽃 릴레이

텃밭의 매화는 먼저 간다고
하얀 손수건을 흔들고 있다

공원 길에 늘어선 개나리꽃
소풍 나온 유치원 친구 맞이 바쁘고

길벗으로 서 있는 벚나무들은
누가 먼저 피는지 앞다투고 있다

먼 언덕배기 담홍빛 복숭아꽃
어릴 적 추억 떠올라 가슴이 두근

## 달개비

연보라색 나비가
달개비풀에 가득 앉아

해가 져도
날아가지 않고
날아갈 데도 없어

며칠째 앉아 놀다
시들고 마는

연보라 나비

### 가을에 피는 꽃

가을꽃은
만혼한 커플이다
밤은 차고
겨울은 저만치 오는데

언제 피고 져서
씨앗을 남길까

맘 바쁜 가을꽃
보는 내가 안쓰럽다

### 풀에서 피는 꽃

비탈 바위틈에도
황무지 진흙탕에도
넌 생겨나 피는구나

왜 이런 곳이냐
투정 부리지 않고
아침 햇살처럼
맑게 웃을 수 있는구나

정원 장미도 부러워하게
잘만 사는구나

## 매화 梅花

입춘이란
소식만 듣고
망설임 없이 피어난
새봄

벌 나비도
마중 나오지 않는 추위에도
맨발로 달려 나오는
화사한 미소

## 달맞이

맑은 달밤에 키 높이 신고
노란 기다림으로
밤새 허리 휜 달맞이야

오늘 밤 달이 뜨면
넌 파르르 떨림으로
낭군을 만나겠지

시간이 되면 아무도 없는
비봉산장에 와서
단둘이 꿈같은 밤을
춤추다 가세

### 꽃다발

송이송이
송아리 모여 있다

함께 마음 모으고
몸짓을 합하여
어떻게 말할까

꽃보다 사랑스런 님
빛나는 그대에게 박수를

자기 생명 꺾어 바쳐
메시지를 전한다

## 코스모스

그대 가을바람에
흔들리면

파아란 하늘은
가녀린 순결함에 반하고

광활한 우주는
고결한 순정에 취한다

꽃잎은 한들한들
이 가을 못 견디게 흔든다

## 꽃멍

아네모네
너를 오랫동안 보고 있으면
몽환적 신비가
붉은 꽃잎을 몇 바퀴 맴돌다
꽃바람 되어 향수처럼
내 얼굴로 다가온다

넌 어찌 이리도
천상의 빛을 훔쳐
내 눈에 몰래 넣어 주는가

널 보고 있으면
사랑의 떨림이
얼마나 섬세히 다가오는지
아픔인지 환흰지
꿈속에서 헤맨다

## 피고 지는 꽃

피는 꽃도 꽃이며
지는 꽃도 꽃이라

피는 꽃은 탄생이고
지는 꽃은 소멸인가

필 때는 기쁨이요
질 때는 슬픔인가

아니야
그 꽃이 그 꽃이냐

피는 꽃은 시작이면
지는 꽃은 완성이지

전원 이야기

## 텃밭 학교

상추 오이 고추
가지 토마토를 심었다
잡초는 뿌리지도 않았다

채소는 척박한 땅이고
잡초는 제 혼자 옥토이다

잡초랑 벌레는
가뭄에 폭염이다

주인은 쉬지 않고
돌보고 가꿔보지만
방해 세력은 풍년이다

## 식목 축제

산딸나무
한 그루 사다 심고
심심하지 않도록
친구 셋을 세워 주고
맑은 축복 두통을
부어 주었다

그리고
그 나무만 들리도록
바람에 흔들리지 말고
뿌리 잘 내리고
하늘 높이 자라게

가지마다
기도를 걸어 둔다

## 불멍

피어날 수 있을까 이 작은 불씨가
가랑잎 같은 불쏘시개 붙들고 아슬아슬하다
겨우 약한 나뭇가지로 옮겨붙더니
아기 손같이 점점 자라는 게 보인다

애기 불은 얇은 나뭇가지 껍질을 감더니
금방 제법 큰 나무를 타고 올라간다
좀 안심이 되려는 때쯤
그새 래퍼처럼 거침없이 불꽃 튀는 소리 내며
청년의 식성같이 나무를 먹어 치운다

장작을 더 올려 주면
주는 대로 다 태운다

어느덧 땔감이 다해 가면
점점 나이 든 어른처럼
고기가 잘 익을 숯불로 변해 가고
피부엔 어느새 하얀 주름같이 재로 덮인다

불멍은 점차 조름조름 졸 듯이 늙어 가고
회백색 재가 두꺼워진다

숨져 가는 열기는 한 뼘쯤 오르다
사라지고
빨간 피는 점점 기력을 잃고 식어 버린다

새 장작을 서너 개 넣어 보았으나
온기 잃은 무쇠 몸뚱이만 미지근하다

세상을 떠난 것이다

## 설레는 걱정

난생처음 장날에 나가
상추씨 한 봉지를 사 왔다
다음 날 밭이랑
뒤집어 고르고 씨앗을 뿌렸다
너무 가벼워 생명의 무게가
느껴지지 않아
과연 움이 트고 싹이 날 수 있을까

며칠 살펴봐도 아무 기척이 없다
다음날도 마찬가지다
너무 깊이 묻었나 걱정이 된다

열흘쯤 지났나
땅에서 간신히 가냘픈 호흡이
흔들리듯 보인다
만져보고 싶어도 손가락이 포클레인이다
쟤가 채소가 될 수 있을까

## 산중보름

동짓달 보름밤에
달빛만 처연한데

온 세상 고요하여
쪽 바람도 소리 없다

도시를 떠나온 지
얼마나 되었을까

옆에 뵈는 사람은
달그림자뿐이구나

## 푸른 우정

어느 잔디밭에 메뚜기와 청개구리가 둘이 만났다
야, 우리 같이 놀자, 둘은 서로 친구 하기로 약속했다
메뚜기는 잘 뛰고 날기도 했으나
청개구리는 풀밭에서 잘 뛰지도 걷지도 못했다
메뚜기는 그런 청개구리가 못마땅하고 답답했다
청개구리야, 우리 이제부터 따로 놀자
메뚜기는 자기 마음대로 뛰어다니며 놀았다

어느 비가 오려는 날 메뚜기가 풀밭에 홀로 놀고 있는데
바로 뒤에서 큰 개구리가 두꺼비 같은 눈을 하고 메뚜기를
잡아먹으려 숨죽이고 노려보고 있는 게 아닌가
그때 청개구리는 깜짝 놀라 꽥꽥꽥꽥 빨리 튀어, 메뚜기야
청개구리 소리에 메뚜기는 펄쩍 튀어 날아가 목숨을 구
했다
하지만 청개구리는 그날 사냥을 방해한 죄로
큰 개구리에게 물려 거의 죽을 뻔했다
그 뒤로 청개구리는 메뚜기를 만나지도 못했지만
비가 오려는 날이면 청개구리는 메뚜기 걱정에
꽥 꽥 꽥 꽥 又 소리 높여 울고 있다

## 불꽃을 피워라

집 뒷산에 나무를 한다
누가 베고 잘라 쓰러져 있기도 하고
나이 들어 비바람에 쓰러진 것도 있다
오래 풀밭에 묻혀 반쯤 썩어 가는 것들도 있다

그냥 저렇게 썩도록 버려 두어선 안 된다
이들을 모아 화덕을 달아오르게
불꽃을 만들어 주어야 한다

이들이 모여 찬란한 불꽃으로
꽃피게 해 주어야 한다

## 여유의 홍수

며칠째
햇빛 한 줄 바람 한 잎 없다
달도 별도 다 숨어 밤도 가난하다

저 아래 시골집들 옹기종기 앉아 있으나
드나드는 사람은 찾아볼 수 없다

모처럼 저녁에 누가 찾아온다는데
며칠째 일과의 전부이다

## 도끼와 장작

도끼야
네가 나를 쪼개어
장작을 만드는구나

나무야
내가 너를 팬다고
원망하지 마라

나무가 나에게
자루를 주지 않았다면
난 아무 일도 할 수
없었을 거야

자연이 그린 행복

## 눈꽃

모두가잠든눈내리는밤에도여전히꽃은핀다하얀밤하
얀호흡도다숨겨버린후정밀한눈꽃은내가보지못할까봐
더잘보이게큰눈꽃을만들어눈뜨는아침을감탄케한다
설야에핀눈꽃은높은산높은가지에서더욱만발한다널
보면내가얼마나누추한지부끄럽다

## 봄이 오는 길목

해마다 오는 길인데
올해는 아직 낯선가 봐

남쪽 바다 작은 섬에서
파래 향 맡으며
동백꽃 하나씩 피우더니

고향 둔덕에
매화 몽우리 만져 보며

온기 스며든 햇살 데리고
꼼지락거리며 올라온다

### 춘풍화엽

봄바람에
난향은 짙어 가는데
그 바람에
꽃잎은 속절없이 진다

이렇게 좋은 계절
무엇이 그리 바빠
서둘러 이별인가

그래도
그대 떠나는 모습
하얀 발레보다 고결하다

### 야생을 즐기는

넌
공원에서
화단에서 피는 꽃
부러워하니

돌보고 가꾸고 예쁘다 좋아하니
부럽기도 하겠지

산에 들에 핀 꽃이여
심고 가꾸는 이 하나 없어도

천사들은
비바람 봄볕으로 널 가꾸고
나비들은 널 보면
절로 춤이 나오지

### 입추 지난

기쁨 가득 머금은
아침 햇살에
바람은 웃으며 일어선다

여름은 아직
떠날 기미도 없는데
고추는 빨갛게 웃으며
가을을 데려온다

## 호두

열매 익어 껍질 벗기면
알돌 같은 핵과 들어 있지
너희들을 문지르면
후두둑 오도독 연주하지

씨앗을 지키느라
어떤 성보다 탄탄히
무장하고 있지

하나 깨트러 꼭꼭 씹으면
온 세상이 고소하지

뇌를 닮은 너야말로
뇌에 최고지

## 복숭아

연분홍 도화 피면
벌 나비 가슴 설레
밤잠 못 자고

복숭아 익어 갈 땐
열세 살 소녀의 뺨

자기도 가슴 설레
잠 못 이룬다

## 참 곱다

가로수 이팝이
봄눈처럼 참 곱다
강변에 신록 춤추니
손녀같이 참 곱다

어디 장날
추억의 풀빵 가지런히
앉아있으니 참 곱다

사랑하는 임은
해 저문 노을에도
참 곱다

## 가을 한잔

숲에서 솔바람 일어나
계곡을 따라 냇가로 간다

여름 소나기로 씻은
하얀 자갈밭이 펼쳐진
가을 맛 버무러진 마을이 보인다

무지개 닮은 다리를 천천히 걸으면
벌써 이른 단풍이 열린
벚나무 길이 예쁜 추억 한 장
포개며 보여 준다

멀리 도시가 보이지만
빨간 창 열린 카페가 있는
언덕 위로 발길이 간다

오늘은 가을 색 짙은 향을
한잔 마시고 싶다

## 초록나라

오월의 들판은
신록 짙은
마을을 스케치합니다

산야의 수목들은
초록색 녹음으로
싱거러운 수채화를
그려 갑니다

하늘은
푸른 우윳빛 바람으로
그림을 완성시켜 줍니다

### 바다 앞에서

너무나 넓어
다 만나 볼 수 없고
어찌나 깊은지
다 헤아릴 수 없어

그대 가까이 가면
난 얼마나 좁고 얕은지

한 컵도 안 되는
자신이 부끄럽다

## 가을 풍경


저 꼭대기 붉게 익는
대추 알 초가을을 그려 준다

단감은 벌써 윤기 가득한
청황색 풍경을 온 동네 알리고

홍로는 붉게 타는 노을과
겨루기라도 하듯이
선명하게 붉어졌다

### 낙엽 소리

늦은
가을 오후였지

호젓한 숲길을 걷다

사부작 낙엽 지는 기척에
뒤돌아보니

자기는
먼저 퇴근한단다

## 상고대

엄동설한 찬 서리에
모진 추위 이겨 내고

신비롭게 화려한 꽃
누굴 위해 피었는고

## 바람놀이

초록 바람은 보리밭을
휘이 일렁거리며 돌아다닌다

젊은 바람이 갈대숲을
쉬이 휘젓고 쫓아다닌다

나도
그 바람의 치맛자락 따라
바람든 나비처럼 날아다닌다

### 이팝의 선물

이팝이 필 때까지
허기져도 참는다

이팝 널 보면
하얀 행복이 핀다

이팝이 피면
소복한 쌀밥 대접받는 기분

극장에서 먹는
헌 통 팝콘 맛이다

## 그래도

그래도란 섬이 있다
뱃길도 없는 곳
섬 하나 혼자 산다

쓸쓸한 파도만 왔다 가고
나그네 구름만 지나간다

밤이 되면
시퍼런 외로움만 가득 차오르고
바람은 여름에도 차다

그래도
먼 하늘에 별 몇이 내려와
새벽까지 놀다 간다

## 위대한 미물

이 나무에서 저 나무까지
허공에 기초를 놓고 집을 짓는다

아찔한 공중에
보이지도 않는 줄에 목숨을 매달고
금문교처럼 다리를 놓는다

비계도 세우지 않고
바닥없는 허공을 건너다니며
공사를 한다

아무 설계도 장비도 없이
아무도 흉내 내지 못할 건축

보잘것없는 거미의
위대한 예술품이다

사색의 둘레길

## 세말에

한 해가 저무니
초승달도 외롭구나

서글픈 목소리로
벌써 끝이냐 물었더니

끝이 아니라
도착이라고

## 헤어지기

떨어지기 위해
열매는 익는다

이별하기 위해
만남은 지금도 계속된다

언제 까질까

더 이상 이별이
필요 없을 때까지

## 보이는 허공

지붕 위로 난 굴뚝에 하얀 연기 날아간다
키만큼 솟아오르고 곧 바람에 흩날려
어디론가 떠나간다

곧 넓게 퍼져 색깔도 흔적도 보이지 않고
다시 찾아낼 수 없는 허공이 된다

연기가 살아 있을 땐 허공이 보이더니
연기가 사라지니 허공도 사라진다

사람도 허공을 보여 준다
기억은 이렇게 산산이 허공을 만든다

### 오늘 내일 모일

늘 오늘이 온다고
생각지 말자

내일이 당연히
오늘이 될 거라 생각지 말자

어제
친구가 세상 떠났다고

내일이
끊어진 철로처럼 멈춘
부고를 받고

### 만남을 위해

만남만 있을 수 없지
헤어지고
떠나는 시간이 있지

창공을 향해
둥지를 떠나야 하듯
대양을 향하여 항구를
떠나야만 한다

처음 피는 꽃을 만나기 위해
떠나가야 한다

## 가긴 가는데

강은 흘러 바다로 갔으나
강물을 찾을 수 없고

바람이 일렁일렁 풀숲을 밟고
지나가는 것을 보면서도
어디로 가는지 알 수 없네

가는 건 보이건만
어디로 가는지 알 수 없는
배낭 멘 나그네

### 나이 들어 가면

꿈은 겨울나무
의욕은 노인의 키

삶은 빛바랜 사진이다

나이 들어 가면

많아지는 건 생각이요
작아지는 건 자신감이다

## 자드락길

옅은 숲 사이로 난
한적하고 야트막한 길이 있다
싱그러운 자연이 놀고 있는
이런 길이 좋다

걷다 보면 사색이나 詩도
더러 만날 수 있어 참 좋다

난 오늘도
자드락길 걸으며
이런저런 친구들과
조약돌 같은 애기 나눈다

### 가을비

가을비

낙엽 지게 하고
낙엽은

쓸쓸함을 그려 주고
쓸쓸하면

상념에 젖고
상념은

겨울로 초대한다

## 낙엽 지는

낙엽 지는 소리에
흰머리 거칠어지고

낙엽 지는 모습에
가슴도 톡 톡 떨어진다

낙엽 지는 파문에
다람쥐도 바쁘다

## 초대

단풍은 가을로
낙엽은 겨울로
초대장을 보낸다

누구도
응하지 않을 수 없는
정성이 담긴

## 동행

함께 걷는 길은
행복한 부담이고

혼자 걷는 길은
외로운 자유이다

그 두 사잇길을
균형 잡고 걷는다

### 멀리 있는

귀한 손님은 자주 오지 않으며
기다리는 것은 빨리 오지 않지

강물은 항상 흐르지만
흘러간 물은 다시 오지 않는다

추억은 멀리 떨어져 있을 뿐
아름다운 것일수록 멀리 있다

## 안개

온 세상
희뿌옇다

눈앞에 글자도
잘 안 보인다

내 눈에
안개

## 무더위

무더위엔
땀을 흘린다

사람도 바위도
땀을 흘린다

얼음덩이도 덥다고
땀을 뻘뻘 흘린다

## 강물

너처럼 시원하고
넉넉하게

너처럼 여유롭고
평안하게

사는 사람은 드물다

부
럽
다

### 선풍기야

둥근 철망 속에서
다섯 날개로
여름 내내 씽씽 날아도
항상 제자리
부질없는 몸부림

너의 고통의 대가로
내가 시원하다니

참 잔인한 혜택

## 사는 모양

바위틈에 자라는
어린 소나무

태풍 오면 어지럽다
장마철엔 습하다
겨울엔 추워 못 살겠다
궁시렁거린다

바위는 천년만년
말도 없이 잘도 산다

어린 것 위로하며

### 혼자 걷다

태어날 때 혼자다
수술할 때 혼자다

죽을 때도
혼자다

인생은
홀로 걷는 노매드

해거름 날개 허우적이며
서쪽으로 날아가는
외기러기다

## 십이월 달력

열한 장 먼저 가고
나 혼자 남았네

같이 태어나도
가는 날이 다르구나

우린 가는 날짜 알지만
사람들은 그것도
모른다네

## 산티아고

칠십 년 인생을 데리고
홀로 산티아고 숲길은 걷는다
고흐의 밀밭 위로
지나가는 바람처럼

서쪽을 향해 아침을 걸어가면
배낭 멘 그림자가 앞서 걷는다
내가 그림자를 따라 걷는지
그림자가 나를 따라 걷는지
알 수 없는 인생길이다

무슨 뜻 무슨 생각으로
아무도 기다리지 않는
이 머나먼 낯선 길을
걷고 또 걷는가

아직 봄임에도 바람 사이로
벌써 지는 낙엽이 있다

부엔 카미노

미소가 담긴 바구니

## 미소

반가움 가득 담고
환영을 토핑하여

좋아 사랑해를
단번에 말해 버린

입가에 활짝 핀
자운영 꽃밭 같은

미소라는 선물

## 타이머

시냇물 소리 들으면
흐르는 시간이 들린다

초침을 보고 있으면
뛰어가는 시간이 보인다

맥박을 짚어 보면
달려가는 인생을 느낀다

### 동행자

아침에
앞서 걷던 그림자가
어느새 옆에서 함께 걷는다

오후가 되면서 뒤에서 따라온다
힘들다고 흐느적 흔들거리며
악착같이 따라온다

돌아보며
너 힘들면 그만 앉아 쉬어라

그림자는 나더러
먼저 앉아 쉬면 자기도 쉬겠다
한다

그림자 고집도 못 말린다

## 욕심 欲心

별 욕심 없습니다

그저 유럽의 성이나 한두 개
별장 삼아 있으면 그만입니다

그리고 조금 더 된다면
명마나 두어 마리 있으면 좋겠구요
지중해 바다에 요트나 한 대
그 외엔 별 욕심 없습니다

올해 안에 이루어지면
다행이고요

이 정도 욕심 없는 사람이야
있을까요

## 퇴직

그렇게 길었던
퇴근길은 퇴근하고

퇴근길 잃은 사람이
뷔페식 자유에 갇혀 산다

## 자족 自足

입고 싶은 옷이나
먹고 싶은 음식
욕심나는 집이 없다

늙어 감일까
암튼 부러운 게 없다

자연과 친하면
자귀나무같이 잘 잔다

## 어린이날

어린이날이
자꾸 별같이 멀어진다

꿈은 노인의 정강이처럼 메말라 가고
생각은 구멍 뚫린 고목이 된다

몸은 손님이 찾지 않는 중고차다

오늘 아침엔
비에 씻은 초록 잎이
날개 입은 손녀처럼 참 이쁘다

## 달콤한 후회

송아지 눈망울 같은
가을볕에 빛나는 대추나무에게

대추나무야
너 대추 하나만 줄래
그래 하나 따 가

대추나무에게 말하고
햇빛 머금고 붉어져 가는
통통한 열매 한 알 따서 걸어오며
그 상큼함을 입에 넣었다

이런 낭패가 있나

서너 개라고 말할걸

## 경제 시력

시력은 점차 약해져 가는데
전에 안 뵈던 것들이
더 잘 보이기 시작한다

짠 치약 양이 너무 많아 보이고
난방 온도 눈금이 눈에 들어오고
주유소 금액 표시가 멀리서도 보이며
카드 누적 금액이 확대되어 나타난다

이젠 안과 시력 검사표
전부 다 읽을 수 있겠다

## 야산

사는(買) 자가 없어
사기 좋은 곳
사는(生) 자도 없어
살기 좋은 곳

참 불편하기 좋은 곳

## 러브레터

꽃들은
꼿꼿이 서서
향수까지 품고
사랑을 손짓한다

미소 이는 바람에
치맛자락 날리며
벌 나비를 부른다

## 어깨동무

동무의 어깨에 팔 걸고
놀던 시절이 꿈같다

어깨동무 친구들도 그립다
그 그리움도 이제 늙어
꼬부라진 그림자다

요즘 아이들
어깨동무가 얼마나
든든하고 편한지 모른다

아마 이 아름다운 말도
그리움과 함께
곧 사라져 가는 게 아닐까

### 自畵 스케치

키는 우전 담은 찻잔
체구는 문고판 시집
백모화 핀 머리

표정은 학동 몽돌
강변 위 누각에 앉은 마음
삶은 가을날 해변 산책

미래는 해거름의 노을이다

## 꿈과 삶

어린 시절
곡선이 부드러운 산 능선 초원에
소 떼가 한가로운
목가적인 꿈을 가진 때가 있었지

하늘은
소보다 사람이라고
시각을 바꾸어 주셨지

아름다운 목양 꿈꾸며
강산도 넘어 달려왔으나

깨어 보면 꿈처럼
요원한 거리

### 아듀 삼십칠 년

하던 일을 마치고
왔던 길을 돌아본다

걷다가 쉬다가 뛰다가
시간만 다 쓰고 여기까지

한 해와 더불어 인생의 해거름
남은 날까지는 늘 여행이다

남은 한 줄 가지고
파가니니 G선상의 아리아를
들어 볼 수 있을까

지친 그림자는 동쪽으로 누워 있다

## 강물

소리도 주장도 없다
존재를 알리는 몸짓도 없다

산처럼 돋보이지도
들같이 넓지도 않다
있는 듯 없는 듯 묵묵하다

가만히 있으나 흐르고
흘러가면서도 가만히 있는
아무도 대신할 수 없는
생명을 살려 내는 실력

### 달빛

해도 부러워 않고
온 밤을 다 가진 너

하루하루 채우고
하루하루 비우고
아무 욕심도 없이
다 가질 수 있으나
다 줄 수 있는
가장 넉넉한 너

어머니가 남겨 주신
이미지

## 등산가 歌

가야뵈는 가야산
가지없는 가지산
까치우는 까치산
금오옥토 금오산

마이동풍 마이산
무등태운 무등산
무척높은 무척산

백두장사 백두산
유달스런 유달산
지리바꽃 지리산
한라골풀 한라산

높은 산 높은 걱정
낮은 산 낮은 재미

관계의 징검다리

### 참 고맙습니다

바람이 없으면
바람개비도 돌지 못하고

알을 품어 주지 않으면
파닥거리는 날개를 볼 수 없지

도와주고 품어 준 고마운 이들
너무 많아 헤아릴 수 없다

일일이 전하지 못한 말
참 많이 고맙습니다

지친 그림자는 동쪽으로 누워 있다

# 만남

부모 만나 나를 만나고
아내 만나 자식 만나지

스승 만나 이치 만나고
주님 만나 진리 만나지

만남 없으면
만남은 없지

## 발자취

눈길에
누가 걸어간 발자국이
선명하게 나 있다

눈길 위에만
발자국이 생기는 건 아니다

배우자의 가슴에
아이들의 마음에
뚜렷한 발자취 새겨진다

돌아보면
일부러 새겨 놓지 않아도
발자국 없는 곳이 없다

밤길에 난 발자취도
아침이면 뚜렷하다

## 사계 四季

사계란 계모임에서
서로 자기가 제일이란다

봄이 나서서
꽃피고 움돋는 탄생의
계절이라 자랑하니

여름이 듣다가
녹음 짙은 산천초목
자기 공로라 자랑한다

가을이 기다렸다는 듯이
온 백성 먹여 살리는
열매를 맺는 계절이라고

겨울이 망설이다
나 없인 마무리도 시작도
안 된다고 큰소리친다

### 풀잎의 소리


해야
우리 더워 죽겠어
너도 한번 봐
풀들이
더위에 지쳐 쓰러져
신음하고 메말라 가잖아

바람아 시원하게 불어 줘
우린 에어컨도 없잖아
구름아 양산이라도
좀 펴 주면 좋겠어
비야 샤워 좀 시켜 줘

내일엔 우리를
못 볼 수도 있어

## 탐조 후기

난 비행기 날개로도
가기 힘든 길
넌 두 날개로
수천수만 킬로 날아

지난해 겨울
널 보고 헤어진 후
올해도 잊지 않고
찾아왔구나

너의 날아오르는 군무는
수십만 군중의
열화 같은 박수 소리

다시
힘을 얻어 가지

## 들길

저 아래 들판에
곡선과 직선의 길이 있다
누가 처음에 저렇게
길을 내었을까

아무 생각 없이 다니지만
길은 인류의 흔적

나의 들길은
어디로 나 있을까
혹 누가 몇이나 다닐까

## 공동체

집 한 채 있으면
마을이 될 수 없다

그대 있음이 얼마나
고마운지를 안다면

그때부터 공동체다

## 국밥

시장통 펄펄 끓는
국밥 한 그릇

찬바람 속에서도
언 가슴에 봄이 온다

나도 국밥같이
살았으면 좋겠다

## 골든 타임

고향 집 담 안에
여럿이 올라가도 되는 단감나무
늦봄에 하얗게 감꽃이 피고
여름에 떫은 풋감 톡 톡 떨어진다

새벽이면 눈 비비고 먼저 달려가
감 주워 오기에 바빴지
방학 땐 시원한 그늘을 만들어 주어
넓은 멍석 펴고 엎드려
방학 숙제 하기에 참 시원한 자리였지

가을이 오면 한 손에 다 들지 않는
연주황 단감 크게 한입 베어 물면
달고 상큼한 과즙 입안에 가득하여
온몸으로 퍼져 간다

고향 집 떠나오던 날 남김없이 준 그에게
참 고맙다 눈인사 한마디 못 하고 온 게
지금도 내내 부끄럽고 미안하기만 하다

지금은 그 나무가 없고

## 내가

초라하게 빛나는
별이라도

기쁨 없는 이에게
노래하게 하고

슬퍼하는 이에게
잘 울게 하고

더위에 지친 이에게
작은 위로가 되고

밤길 찾는 사람에게
이정표가 된다면

그래도 살아갈 이유가
되지 않을까

## 커피 한잔

브라질에서 왔나
에티오피아에서 왔나

이 향을
누가 심고 누가 따서
산 강 바다
수천 수만 먼 거리를
이고 지고 팔고 사서
이 잔에 담았는가

이 액체 속에
얼마나 아픈 노동과
헐벗은 애한이 스며 섞여
이 향을 내는가

그 피 같은 진액을
나는 이렇게 쉽게 마시는가

## 농사꾼

심고 가꾸고
거두어들이고

평생 그리하면

하나님도 우리를
거두어들이신다

## 갑을 甲乙


갑이 갑질하다
갑이 을이 된다

원래 갑을은
글자 모양일 뿐

## 나누기

나무는 자기 열매
다 나누어 주고
꽃은 향기를 다 나누어 주네

해도 빛을 온 세상에
나누어 준다

자연은 자기의 것을
다 나누어 주며 살고

우리는
받기만 해도 모자란다

지친 그림자는 동쪽으로 누워 있다

## 부메랑 boomerang

인사는
상대방에게 하지만

결과는
자기에게로 돌아간다

감사도 그렇다

### 문우는 떠나고

한 번도
얼굴 본 일 없으나
문학의 다리에서 만났던 사이
몸이 많이 아프다고
가끔 위로도 나누었는데
두어 달 소식이 가늘어지던 차
오늘 별세하셨다고

만남 없는 이별에도
이리 애달플 수가

맑은 영혼으로 살았던
그 소중한 분이
그렇게 또 잊혀져 간다

의미를 품은 재미

## 양궁

슛오프
명중으로 가슴에 꽂힌
인생은 한 발이다

그 한 방은
수없이 쏘아붙인
빗줄기만큼 많은 화살에서
탄생하는 것

의자는


사람이 앉으면 무겁다
앉지 않으면 의미도 없다

이 갈등하고 함께 사는 것이

의자가 아닐까
인생이 아닐까

## 거꾸로

잔잔한 연못에
잠자리 둘이 날고
연못가의 메타세쿼이아
거꾸로 높이 서 있다

맑은 가을 하늘
구름 몇 데리고
저 깊은 곳에서 거꾸로인데도
사파이어 빛으로
웃으며 서 있다

## 시작해야

백두산도
출발하면 오르고

뒷동산도
시작하지 않으면

아무 일도
일어나지 않는다

출발할 수 있는 기회
늘 있는 게 아니다

## 의미의 의미

주워 온
돌멩이 하나도
자기에겐 의미지만

백반지에
꽂힌 다이아몬드도

남에겐 그저
유리 조각일 뿐

## 덕담 德談

최소의 노력으로
최대의 효과를 얻는
경제 원리를

덕담은 어찌 그렇게도
잘 알고 있을까

이번 설에도
가장 많이 구매하는
품목이 덕담

비용은 들지 않아도
참 좋은 선물

## 정 없는 세상

시장처럼 모든 게 다 있는데
정이 없고 메마르다
시커멓게 불타 버린 겨울 산이다

무정란을 주로 먹어
그런가 보다

눈코귀입손과발 다 있는데
위 폐 간 심장 다 있는데
정이라는 장기가 없다

도시엔 유정란이 귀하여
먹어 보지 못해 그런가 보다

## 배워 보자

앞으로 걷는데

꼭 마이클 잭슨 춤추듯
뒤로 가는 듯 걷는 노인이 있었다

안타까워 조심스레 여쬈다
연세 많아 걸음 걷기
힘드시죠

노인은 평안히 유언하듯
이렇게 일러 준다

"빨리 가서 뭐 하려고"

### 엑소더스

바람은
집에서 나와 자유를
따라 불어야 한다

항구의 배는
안위를 풀고 대양을
가로질러 항해해야 한다

생명은
병아리처럼
껍질 깨고 나와야 한다

지친 그림자는 동쪽으로 누워 있다

## 풀과 채소

넌 밭에서만 살지
어디서나 살아 좋겠다

넌 이름도 없지
니가 모를 뿐이야

넌 수명도 짧지
짧고 굵게 살지

넌 주인도 없지
조물주가 주인이야

온종일 풀과 채소
자존심 싸움

## 산마루

늘 이쪽만 보다가
산마루에 오르면
산 너머 세상이 보인다

높은 산마루에 오르면
온 세상 더 넓게
활짝 펼쳐 보인다

산마루에 오르기 힘들다고
늘 한쪽만 보고 산다

## 배경

밤은
왜 이리 깜깜하나요
별빛이 잘 보이려면
깜깜해야 해

세상이
왜 이리 캄캄하나요
하늘이 잘 보이려면
캄캄해야지

## 축복

아기를 안고 가면
잘 자라기를 바라고

비행기 날아가면
잘 도착하기를 빈다

앰뷸런스 소리 들리면
쾌유를 기도한다

## 하늘 은혜

오르막 내리막
굽이도는 천 리 길을

빛 구름 바람들

닭개비 꽃잎 같은
청보랏빛 은혜였네

남은길 옛길처럼
은혜의 숲 걷기를

## 이런 사람

큰 산이다
언제나 거기 서 있다

나 어릴 때나 지금도
한마디 말 안 해도
그 약속 변함없다

수없는 폭풍한설에도
언제나 그대로 서 있다

## 심판


날마다
법정에서
구원과 심판을
연습하고 있다

어쭙잖지만

## 무더위

산은 나무 그늘로 시원하고
바다는 파도치기로 시원하며
계곡은 찬물 마시며 시원하다

무더위 아니면 어디서
이 시원한 맛을 보겠는가

## 그네

묶여 있어야만
자유롭게 탈 수 있고

매여 있어야
마음껏 날 수 있는

나 그네

### 타이밍

비가 내리다
땅에 떨어지면 비가 아니다

장작 타오를 때 불이고
꺼지면 숯이다

불어올 땐 바람인데
멈추면 공기다

하늘에서 내려올 땐 눈인데
녹으면 물이다

모르는 사람 있어 썼을까

# 밥

나에게 모든 걸
주었다

자기 몸도 에너지도
남김없이 주었다

밥 앞에 부끄럽지
않게 살아야

아픔이 낫는 길

## 새로운 꿈

등산을 하다가
정상을 밟지 못해도 좋다

오래 공부했으나
시험에 합격 못 해도 괜찮다

무슨 꿈을 이루겠다고
그 꿈 이루지 못하면 어때

그 꿈 아니라도
꿈은 얼마든지 있는 것

이제는 실패로 보지 않고
살 수 있는 게 꿈이다

## 원동기

일년 이년 십년 백년
쉬지 않고 돌고 도는 기름 먹은 기계

손발이 다 닳고 허리가 휘어져도
죽을 때까지 돌고 도는
기름 태우며 연기 뿜어내는
목숨 질긴 기계

죽을 때까지 쉼 없이
돌아가야만 살아가는 기계여

거친 숨 몰아쉬며
꺼펑꺼펑 푸 하며 숨질 때까지
돌고 돌아야만 살 수 있는
너 기계여

## 숨 나눔

겨울 같은 봄
시장 바닥 길모퉁이
새우 같은 등을 하고
빨간 소쿠리에
가난한 풋성귀 몇 장을 담아 놓고
조는 듯 앉아
삶의 애한을 팔고 있다

아무도 눈길 주는 이 없이
많은 시간만 팽팽히 지나가고

하루의 지친 무게를
어깨에 메고 지나가던 아낙네가
까아만 비닐봉지에
할머니의 고통을
나누어 담아 간다

## 용서

바닷가 모래 위에
잊을 수 없다고
날카롭게 몇 자 적어 두었지

바다는 파도를 데려오더니
쓔르르 쓔르르 하며
말끔히 지워 버린다

너도 이렇게 하라며

### 겨울나무에게

옷 한 벌 없이
오돌돌 떨고 섰나

햇볕도 잠시 지나가 버리는
비탈진 응달에 서 있구나

손발을 꽁꽁 얼게 하고
가슴을 시리게 하는
겨울이 아무리 오래 버터도

겨울이 지나가면
봄밖에 올 것이 없다는 것을
꼭 말해 주고 싶어

## 저항하는

봄이 그냥 오는 게
아니야
칼바람 추위는
봄이 싹트지 못하게
위협하지

행복이 그냥 오는 게
아니야
행복이 오는 길을
성벽처럼 두껍게 가로막지

아무리 그래도
올 것은 오고야 말지

### 빈집 空家

자녀들은 바깥세상으로
부모는 먼 하늘로 떠났나 보다

기웃 들여다보면
해묵고 쓸모없는 물건들만
질긴 추억 붙잡고
굽은 지팡이로 버티는
낡은 지붕 아래서 우로를 피한다

오십 년 백 년을 버텨 왔건만
이제는 아무도 찾지 않는
기울어진 노인이다

## 꽃처럼

꽃은
풀보다 일찍 진다
아름답기 때문이지

그래서
풀보다 빨리 진다

아름다움은
꽃처럼 빨리 진다

## 햇살

참 따뜻한 친구
늘 밝은 얼굴로
다가와 주는 친구

널 보면서
어두운 그늘 걷어 내고
살아갈 새 힘을 얻지

나뿐만 아니야
만물이 다 그래

지친 그림자는 동쪽으로 누워 있다

## 그믐달

하현달이라고
점점 약해져 간다고

처량해하지 마라

채우면 또 비워야 하는
비껴갈 수 없는 순리

그렇다고 그믐달로
끝나는 건 아니잖아

## 포용 包容

장마철이다
산과 들
계곡물 도랑물이
시내를 지나 강으로

싸워서 생긴 흙탕물
탐욕이 먹고 남긴 찌꺼기
거짓이 버린 쓰레기

비는 강은 씻고 쓸어
바다로 보낸다

바다는 아무 싫은 기색도
하나 없이 다 바다 준다

## 꽃으로 진다

아이 낳듯 꽃이 핀다

멍울진 몽우리 어떻게 생겨
저처럼 핏빛 쏟아 해산하는고

모든 꽃들이
그렇게 아프게 피었다 진다

상처 없이 지는 꽃이 있겠는가만
꽃은 끝까지 꽃으로 진다

## 호국영령

북쪽 하늘 먹구름
적군처럼 몰려온다
아군은 대포를 쏘아 대고
레이저 광선으로 하늘을 쪼갠다

치열한 전쟁에서
장렬하게 생명 바친 아군은
소나기처럼 땅으로 쏟아진다

그 같은 고귀한 희생으로
이 땅이 오늘도 산다

## 시각 장애

길이 있으니 걸었다
차가 있으니 달렸다

하지만
길은 잘 보지 못했다

걷고 뛰기만 한
나는 시각장애 아닌가

### 공감 共感

네 살배기 소녀는
옆집 아주머니가
울고 있는 것을 보았어요

엄마 아주머니 왜 울어
응 아기가 먼저
하늘나라로 떠나 맘 아프단다

그 어린 소녀
집으로 달려 들어가
일회용 밴드 하나를 꺼내
아주머니께 달려갔다

아주머니
아픈 가슴에 붙여 보세요
예쁜 두 손으로 내밀었다

## 갈등 葛藤

한 커플이 차를 타고 가다
급브레이크로
바닷가에 멈춰 서더니
한 사람이 내리며
차 문아 부서져라
꽝 하고 집어던져 버린다

차는 앵그리로 출발했고
내린 이는 허공을 향해
소리 없이 외쳤다

아 이 바다야
내 마음 알아줄 수 있을까
가슴을 토한다

## 치유

영은 하나님과 교통하고
마음은 사람과 소통하며
몸의 백체가 상통하면

막히는 쪽에 병이 오고

뚫리면 자연같이
자연히 치유된다

## 잘 이별

돌체라테로 서로 만나
얼마 후에 에스프레소가 된다

짧게 길게 만나 상처만 새겨 놓고
이별하는 사람들도 있다

만남은 남 대하듯 하고
가족 대하듯 이별하는 지혜

만남은 좋아질 기회가 있으나
이별은 다시 고칠 수 없기 때문

## 열등감

감 중에 제일 못한 감
돌감보다 더 떫은 감

그 감은
자신이 하찮은 사람이라
생각하는 나무에서 열린다

그럼
행복한 나무에서
피는 꽃 이름은 무엇일까요

웃음꽃

## 가시

때론 가시 때문에
아파하는 이들이 있다
힘들어하는 이들도 많다

장미에도 가시가 많다
가시 많다고 버리진 않지

가시 없는 장미가
무슨 매력 있겠는가

그 가시들 때문에
얼마나 다채로운 성城을
쌓아 가는지 모른다

## 내버려 두기

그냥 내버려 두는 게
최선일 때가 있다

고구마를 심어 놓고
매실청을 담가 놓고
내버려 두라
아픔도 슬픔도 내버려 둬 보라

시를 쓰다가
묘사가 안 되면 내버려 두라
때로는 자식도
내버려 두어야 할 때가 있다

나무를 심었으면
내버려 두어야 뿌리를 내리고
나무가 자란다

## 시냇물

냇가의 물은
돌을 쓰다듬으며 내려간다
아무리 뾰족하고 모난 돌이라도
외면하지 않고 잘 쓰다듬어 준다

날카로운 돌은
홍수로 다듬어 간다
계속 다듬어 주면
둥글고 부드러워진다

쉬지 않고 쓰다듬는 시냇물이
냇가를 작품으로 만들어 간다

## 식탁

구수하고 담백한
생명의 빵과
기도로 우려낸 차 한잔
식탁에 올려놓고

로다 나이버그의
노인의 기도처럼

두 손 꼭 잡고 감사한다

## 사랑이 피는 곳

그대 눈빛이 닿는 곳
숨결이 스며 있는 말씨
봄바람 이는 호흡이

걸어가는 길에서
은목서 향이 날린다

들꽃 같은 추억

## 그리움 짙은 언덕

한 소년이
소먹이며 뛰어놀던
그 푸른 언덕배기

소도 소년도 서로 헤어지고
이제 빛바랜 세월처럼
갈색 추억들만
휘늘어져 늙어 간다

그런데 그 언덕은

지금도
혼자서 잘 놀고 있을까

## 세월이란 친구

한번 본 적 없지만
늘 함께 걸어왔지

봄 가을 유년 노년
함께한 날들 아득한데

칠십 년의 사진첩에
꽂혀 있는 너의 모습은
어찌 그리도 또렷한가

### 누나 생각

여름이면 누나들이
내 손톱에 봉숭아 잎 찧어
묶어 주던 때 생각난다

아직도 봉숭아는
피고 지는데

멀리 사는 누님들의 영상만
내 손톱 안에서
투명하게 일렁인다

## 기다림

어릴 땐 설날도
장에 간 엄마도 기다렸다

부모가 되어선
아이들 타고 올 열차를
시계 보며 역에서 기다렸다

이젠
누구를 무엇을
기다리는 노동은 없고

또 나를 기다리는
강아지도 키우지 않는다

기다림 없는 자유는
해거름 지난 노을이다

### 가을 운동회

가을하늘 올려다보면
문득 국민학교 운동회
만국기 펄럭이는 하늘이 보인다

시골 온 면민의 축제
운동장 흙먼지 날리도록
목이 터져라
일어섰다 앉았다
빅토리 외치며 응원하던

그 아련한 장면이
까만 흑백사진으로 다가온다

## 가난한 자유

어릴 때
가난한 집이라
대문이 없었다

지금도 가난한 집이라
대문이 없다

드나들기
자유로워 참 좋다

### 아버지 나라

일천구백십 년생
출생 선물은 경술국치

젊은 날 청진 만주 북간도
온통 빼앗긴 젊은 유랑

찬란한 고통을 유산 받아
진정한 해방을 보지 못한
애련한 한으로 성을 쌓고

푸른 그림 한 장
그 성벽에 걸어 두고

먼 하늘로 난 길 가시다

## 폐왕성

더위가 아직 남은
햇가을
폐왕성에 소풍을 간다

설렘은 며칠 전부터 앞장서 가고
어머니는 찐빵을 쪄서
조금 뒤따라오신다

성城은 문을 열고 햇살과 함께
벌써 나와서 왁자지껄
우리를 반긴다

## 초가의 추억

집은 초가집이었어
봄이면 초록 바람
마음대로 드나들고

여름 지붕엔 하얀 박꽃이
밤마다 달빛과 만나는 게
참 가슴 설레었지

가을엔
속이 다 들여다보이는
투명한 홍시 만발했지

겨울밤
눈 비 오면 고드름 꽁꽁
초가지붕 처마 끝에
떨고 서 있었지

## 찬바람

늘그막에 선 가을은
찬 바람 불면
떠날 채비를 한다

엊그제 그 무더위도
작별할 틈도 없이 가듯

화려한 가을도 아무 미련 없이
하얀 겨울로 들어간다

찬바람 불면 인생도
코트 깃 높게 세우고
낙엽 지듯 간다

입원해야 할 세상

## 재앙

리튬 베터리 공장을
화재가 폭파시킨다

검은 연기 독가스 화염이
목숨들을 빼앗고
재산을 약탈하고
환경을 파괴시켰다

우리는 무기를 생산하고
무기는 재앙을 초청하고
재앙은 파멸로 불태운다

소방차는
재앙을 끄지 못한다

## 연명 延命

바람에 날려
손에 힘이 없어
갈잎은 스르르 나풀나풀
자유롭게 떠난다

어떤 잎들은
이미 떠난 생명을
잎자루에 묶어 놓고 버틴다

떨어지는 게 두렵다고
떠나는 게 슬프다고

흙빛 미련만
나무를 꽉 붙들고 늘어진다

### 폭서맹공

태양은 붉은 쇳물 녹듯
이글거리고

도시의 아스팔트
불판처럼 지글거린다

인류를 향한
불심판의 경고장 아닐까

## 탄식

아직도
바람을 가로막아 서있다

길을 잘라먹고
밥은 썩도록 쌓고
입을 감옥에 던진다
도금을 황금이라
투자라 한다

아직도
사기는 화려하고
억울함은 무성하다

### 정의가 숨지면

하늘이시여
원한도 잘못도 없는데

보이스 피싱처럼
남의 간을 파내 가는
늠들의 뺨을 치소서

요즘 같은 땡볕 아래 묶어 두고
한 조각 그늘도
한 순가락 물도 주지 마소서

혀가 타서 회개하지도
못하게 하소서

전쟁과 악질을 일삼는
늠들을 항복할 때까지
숨통을 조여 주소서

너무 긴 인내를 거두소서

## 북동서남 NEWS

짝퉁 명품 찬란하고
딥페이크 날개 달고
뉴스는 공장에서
불량으로 생산한다

세상이
온통 짜가로 염색된다

아침 해가 떠야만
밤이 사라지는데

## 살얼음

요즘

겨울이 아닌데도
나날이 시간 시간
살얼음판

걸음걸음 조심조심
쩡쩡하는 소리에
오금 저리는 살얼음판

둘러빠지지 않고
건너갈 수 있을까

## 욕의 수명

공원길
자기 개똥 더럽다 버려 두고
개만 좋아하는 개똥 같은 년

먹다 남은 음료 컵
길가에 던져 놓고 나 몰라라
가 버리는 썩는 냄새 나는 너

길거리에 꽁초 툭 던져 버리고
아무렇지 않게 연기처럼 사라지는
꽁초보다 더한 넘

네가 떠나도
욕은 네 뒤를 따라간다

누가 치울 때까지
욕은 질기도록 오래 산다

### 칼바람

누가 바람에게
칼을 쥐어 줬을까

그 바람은
예리한 칼날로 겨울을 베고

거리의 사람들은
몸을 싸매고 달아난다

칼은 제 혼자
아무것도 하지 못한다

지친 그림자는 동쪽으로 누워 있다

## 언행이치

말은

비단이다
청산유수다

짓은

저녁에 우는 닭
주인보고 짖는 개

보름날 밤하늘에
뜬 그믐달이다

하늘 그려 보기

### 당신은

가난한 소년같이
가녀린 얼굴

새벽별 총총하듯
지혜로운 눈빛

큰 산 바위처럼
든든한 기품

오대양 바다 같은
넉넉한 도량

은하수 너머 멀리
별 같은 신비

## 시월의 기도

시월이 되면

열매는 잘 익어 가는지
만져 보게 하소서

단풍잎 색깔 잘 물드는지
살펴보게 하소서

남은 시간 많지 않음을
기억하게 하소서

### 거룩한 성

펠리스 캐슬
멋있는 성이라
사람들이 부러워한다

주 예비하시는
거룩한 성
천사들도 부러워한다

비참한 성공
화려한 실패
성을 빼앗긴 장군들

지친 그림자는 동쪽으로 누워 있다

## 하루 해

아침엔
희망찬 얼굴로 떠올라
한낮엔
종일 열정 불태우다

해거름이 되면

먼 서산 위에
붉은 영혼 남기고
산을 덮고 잔다

### 새벽종

교회가 멀어
새벽 종소리 들리지 않는데
어머니 귀에는
종소리가 들린다고
새벽 기도 나가신다

그 하늘에서 울리는
새벽 종소리
나도 꼭 한번 듣고 싶다

## 무슨 소용

글을 쓴다는 게 무슨 소용인가
공부하고 일하고 돈 벌고
노래하고 춤추고 그림 그리고
뛰고 달리고 산에 오르는 일이
무슨 소용인가

땅을 사고 집을 짓는 게
무슨 소용인가

내일이 없다면
인생의 의미가 없다면

다 무슨 소용인가

### 하나님의 눈

빛은
하나님의 눈이다

달도
별도
바람도

어둠까지도 역시
그렇다

지친 그림자는 동쪽으로 누워 있다

## 선물 꾸러미

선물을 주면 기쁘다
받으면 고맙다

뜯어 볼 땐 설렌다
두고 보면 기억된다

하늘이 우리에게
주신 선물은 너무 커서
나 혼자서 도저히
받을 수 없다

너무 많아 평생
다 뜯어 볼 수도 없다

## 은하수 같은

배낭에 여유를 담아
여행길에 오르면
나비 같은 자유를 얻는다

은퇴란 걸 하여 산으로 가 살면
속옷 입은 채 텃밭에 나가는
수박만 한 자유를 먹고 산다

세상의 텐트를 걷어 두고
하늘로 여행을 떠나면
가을밤 은하수 같은 자유를 누린다

## 쓰레기통

너만큼
자신을 더럽히며
고마운 일 하는 이 없다

모두가 싫어하는
모두를 받아들여
모두를 유쾌하게
만들어 주는 천사의 손

너같이 고운 마음을
사람들이 가진다면

세상은 얼마나

### 소원을 물으면

별다른
바람은 없습니다

하나님이 아버지시니

그저
자식 도리 잘하는 게
소망이지요

지친 그림자는 동쪽으로 누워 있다

## 매여 있다고

연줄이 매여야
연이 날고
짚라인도
매여야 공중을 난다

닻줄이
매여야 배가 안전하듯
주께 매여야
인생이 평안하다

### 겨울항

바다로 나갈 파아란 꿈이
얼어 있는 항구에 묶여 있다

꿈을 가진 배는
추워도 지금 떠나야 한다

항구를 떠나야
아직 못 찾은 나를 만날 수 있지

이른 아침 겨울새 몇이
추위를 털어 내려 날갯짓 바쁘다

## 쓰임새

누군가
애써 만들었는데

어떤 이는
흔하고 가치 없다 내버린다
남의 옷에서 떨어진 단추처럼

누군가에게
그 물건이 얼마나 소중하고
요긴한지 모르지

자기 옷의 단추처럼
얼른 주워 넣는다

## 무지개

일곱 가지 채색으로
하늘로 들어가는 아치를
저렇게 잘 보이게
높이 세워 주셨다

그 옛날 노아에게
주셨던 약속의 반지
반쪽은 하늘이
반쪽은 내게 주시며

잊어버리지 말라고
가끔씩 일러 주신다

지친 그림자는 동쪽으로 누워 있다

ㄴ


너 말이냐
내가 얼마나 널 생각하는지 아니

난
네가 별같이 영롱하고
눈같이 깨끗하게 살기를
늘 맘 모아 기도해

내가 누군지 알겠니

## 항구가 있나

고기잡이 배도
초호화 크루즈선도
닻 내릴 항구 있을 때
소망이 있다

아무리 재미있고
찬란한 항해도

돌아갈 항구 없다면
화려한 절망이다

## 본향

겨울이 저만치 온다

나무하다
얼음 지치다
해 지면 따뜻한
집으로 가는 그림
고향이다

인생의 해가 저물면
쉴 곳 있는 본향이
벌써 따뜻하다